Os Melhores

Gráficos

Os Melhores

Gráficos

O gráfico certo, no local certo, no momento certo da sua análise de dados.

Alex S. S. Barros

Esta é uma dedicatória especial para a minha esposa, Daniela, que tem sido minha companheira constante em todos os momentos da vida. Também quero dedicar este momento para a minha filha, Manuela, que é um raio de sol, iluminando tudo ao seu redor com sua alegria contagiante

Alex S. S. Barros.

"Uma imagem vale mais que mil palavras".

Confúcio

Chiu Kung era seu verdadeiro nome

Pensador político e filósofo chinês, (552 a.C. e 479 a.C.)

Apresentação do livro

A análise de dados é fundamental, mas é igualmente importante que os resultados e as previsões sejam comunicados de forma clara e precisa. Em muitos casos, as tabelas não são suficientes para transmitir as informações de maneira impactante, e é aí que entram os gráficos, diagramas e esquemas.

Por exemplo, após coletar dados de diferentes fontes, como locais visitados ou seguidores de redes sociais, e gerar as análises, chega a hora de apresentar os resultados de forma visualmente atraente e fácil de entender para tomar decisões baseadas em dados.

Através deste material, é possível aprender as melhores maneiras de apresentar informações de maneira gráfica, pois os seres humanos são capazes de compreender imagens muito mais rapidamente do que o texto.

Uma pesquisa da *American Management Association* mostrou que as informações apresentadas de forma visual são 70% mais fáceis de lembrar do que as apresentadas apenas em texto.

Com isso em mente, é possível explorar diferentes formas de demonstrar os resultados, normalmente através de gráficos, mas também podem ser utilizadas outras formas, para garantir que as informações sejam compreendidas de maneira sólida e agradável.

Sobre o autor

Nascido em 1978, numa cidade do interior do Paraná, descobriu desde muito cedo no conhecimento uma bússola para desbravar o mundo.

Ainda no colégio escreveu seu primeiro livro, que foi publicado pela própria escola em pequena escala. Pouco conteúdo, mas muita imaginação. Ainda na mesma época, começou a atuar na educação, inicialmente com aulas de reforço e aulas particulares.

Seguiu pelo caminho da educação e trabalhou dedicado por mais de duas décadas como educador, professor, diretor de sistema de ensino, palestrante, consultor na área da educação.

Como professor de física, matemática e ciência e análise de dados, presencialmente ou on-line, sempre teve o reconhecimento dos alunos e das instituições pela sua didática e capacidade de transmissão do conhecimento de forma clara, correta e precisa.

Nessa fase ainda, escreveu muitos materiais didáticos, para diversos sistemas de ensino, cursos de graduação e pós-graduação e algumas empresas de comunicação.

Engenheiro de formação, cursou engenharia eletrônica no Instituto Tecnológico de Aeronáutica (ITA), formando-se com o prêmio Lacaz Neto de melhor trabalho de graduação do ano de 2002. Fez iniciação científica em robótica, cursou todas as matérias de mestrado de telecomunicação também no ITA durante a graduação e com isso aprofundou muito seu conhecimento sobre os números, suas histórias e aplicações.

Estudou ainda na Fundação Getúlio Vargas (FGV) para entender ainda mais sobre administração e gestão de pessoas. O mesmo para Fundação Dom Cabral (FDC) com planejamento estratégico para empresas. Além disso, fez inúmeros cursos de especialização, como Ciência de Dados, por exemplo.

Hoje, segue como empresário serial, mas não deixou de atuar na educação como consultor, autor de livros e conteúdos e professor em cursos on-line em instituições de nível superior.

Conteúdo

Introdução

A capacidade de entender e comunicar dados é tão importante quanto a qualidade dos dados em si. Afinal, os dados são apenas números e resultados se não forem interpretados e apresentados de maneira eficaz. A visualização adequada é crucial para que você possa descobrir padrões, correlações e anomalias, comunicar insights para sua equipe, empresa ou audiência de mídia social e tomar decisões apoiadas por dados.

Embora os dados possam ser poderosos, eles podem ser difíceis de entender e interpretar sem uma apresentação visual adequada. Visualizar seus dados com gráficos e esquemas permite que você transmita informações complexas de forma simples e compreensível. Além disso, a visualização de dados ajuda a identificar tendências e padrões em seus dados que podem ser difíceis de ver em uma tabela simples.

Existem muitas ferramentas disponíveis para ajudá-lo a criar visualizações de dados, mas é importante lembrar que a qualidade da visualização depende do conhecimento teórico da apresentação de dados e das boas práticas. Com habilidades básicas em programas de planilhas, como o Excel, Google Planilhas ou Numbers, é possível criar gráficos e visualizações simples. Para demandas mais complexas, há programas específicos de painéis de apresentação de dados, como o Power BI e o Google Data Studio.

Embora essas ferramentas possam ajudar a criar visualizações atraentes, ainda é importante entender a teoria por trás da apresentação de dados para realmente causar um grande impacto. Se necessário, contratar um designer pode ser uma boa opção para criar apresentações glamorosas, mas a compreensão dos princípios básicos de visualização de dados é essencial para garantir que suas informações sejam compreendidas de forma clara e precisa.

Portanto, para fazer a diferença na visualização de dados, é fundamental entender a teoria e a lógica da apresentação de dados, além de aprender a criar visualizações eficazes usando as ferramentas adequadas. Afinal, a visualização adequada de dados pode ser a chave para tomar decisões mais informadas e melhorar o desempenho do negócio.

Tipos de visualizações de dados!

Você pode usar a visualização de dados para exibir dados de parte a todo, classificação, correlação, distribuição geográfica, desvio, cronogramas e escala.

Você pode comparar o crescimento da sua empresa ao longo do tempo, ver como anda a concorrência ou apenas resultados de pesquisas ou palavras-chave comuns em atendimento ao cliente.

São muitas as possibilidades. Os tipos comuns de visualizações de dados incluem gráficos, esquemas, mapas e tabelas. Muitas vezes, você verá muitas visualizações de dados incluídas em infográficos.

Os dados podem ser animados ou codificados para serem manipulados e revelar dados lentamente ou ao longo do tempo.

Gráfico de colunas e barras

Os gráficos de barras são uma das ferramentas de visualização de dados mais utilizadas em todo o mundo. Sua versatilidade se deve ao fato de que eles são capazes de representar informações de maneira simples e fácil de entender, tornando-se uma excelente ferramenta para apresentar informações complexas em um formato acessível.

Esses gráficos são amplamente utilizados para mostrar mudanças ao longo do tempo, permitindo que o usuário visualize como uma determinada variável evoluiu ao longo de um período específico. Eles também são frequentemente usados para comparar diferentes categorias ou grupos, permitindo que o usuário visualize rapidamente as diferenças entre eles.

Por exemplo, um gráfico de barras pode ser utilizado para comparar a receita de diferentes filiais de uma empresa em um determinado período. Nesse caso, as colunas verticais ou as barras horizontais representariam cada filial, e a altura ou comprimento de cada coluna ou barra indicaria a receita correspondente. Com isso, seria fácil visualizar as diferenças na receita entre as filiais e identificar aquelas que tiveram melhor ou pior desempenho.

Além disso, os gráficos de barras também são úteis para comparar partes de um todo. Por exemplo, um gráfico de barras pode ser utilizado para mostrar a distribuição de vendas de diferentes produtos dentro de uma categoria, com cada barra representando a porcentagem de vendas correspondente a cada produto. Nesse caso, seria possível visualizar rapidamente quais produtos são mais populares e quais são menos populares dentro da categoria em questão.

Em resumo, os gráficos de barras são uma ferramenta versátil e poderosa para visualização de dados, permitindo que o usuário apresente informações complexas de maneira simples e fácil de entender. Seja em colunas ou barras, eles podem ser utilizados para mostrar mudanças ao longo do tempo, comparar diferentes categorias ou comparar partes de um todo.

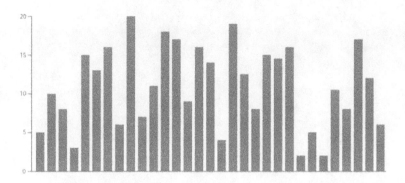

Com uma informação ao longo do tempo

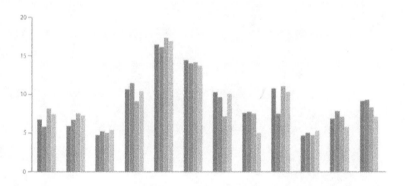

Com quatro informações ao longo do tempo

Gráfico de pizza

Os gráficos de pizza, também conhecidos como gráficos de torta, são um tipo de gráfico de visualização de dados que representam a proporção de diferentes partes de um todo. Eles são amplamente utilizados em apresentações, relatórios e outras formas de comunicação de dados, principalmente quando se deseja destacar a contribuição de diferentes partes em relação ao todo.

Uma das principais vantagens dos gráficos de pizza é sua simplicidade e facilidade de compreensão. Eles permitem que o usuário visualize rapidamente a proporção de cada parte em relação ao todo, fornecendo uma visão geral clara dos dados em questão. Além disso, eles são altamente eficazes na comparação de parte a todo com dados contínuos.

No entanto, é importante ressaltar que os gráficos de pizza são mais apropriados e impactantes quando usados com um pequeno conjunto de dados. Quando há muitas partes envolvidas, a visualização pode se tornar confusa e difícil de ler, perdendo seu impacto visual. Nesses casos, é recomendado o uso de outros tipos de gráficos, como gráficos de barras empilhadas ou gráficos de linhas.

Outra consideração importante ao utilizar os gráficos de pizza é a necessidade de garantir que as proporções sejam precisas e que cada fatia do gráfico represente de fato a proporção correta da informação que está sendo apresentada. Caso contrário, a precisão dos dados e a clareza da informação podem ser comprometidas.

Em resumo, os gráficos de pizza são uma ferramenta útil para apresentar dados que envolvem uma parte em relação ao todo, especialmente quando se trata de um conjunto de dados relativamente pequeno. Eles são eficazes na comparação de dados contínuos e são fáceis de entender e interpretar. No entanto, é importante considerar cuidadosamente o tamanho do conjunto de dados e garantir a precisão das proporções representadas no gráfico.

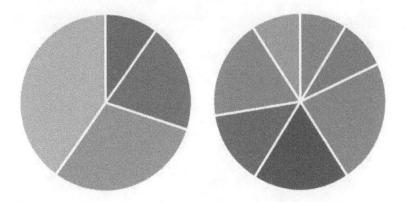

Dois exemplos clássicos de gráficos de pizza

Gráfico de linha

Os gráficos de linha são um tipo de gráfico usado para mostrar relacionamentos entre séries de dados, especialmente em relação ao tempo. Eles são amplamente utilizados em análises financeiras, econômicas e científicas, pois permitem que o usuário visualize a evolução de uma variável ou conjunto de variáveis ao longo do tempo.

Esses gráficos são especialmente úteis na identificação de tendências e padrões nos dados. Ao plotar pontos de dados em um eixo vertical em relação ao tempo no eixo horizontal, as linhas conectando os pontos podem ajudar a mostrar se há uma tendência ascendente ou descendente nos dados, bem como mudanças na velocidade da mudança desses dados, como aceleração ou desaceleração.

Além disso, os gráficos de linha também podem ser usados para mostrar a volatilidade nos dados ao longo do tempo. Quando os pontos de dados se espalham ao redor da linha, indicam que há uma variação significativa nos dados, enquanto uma linha mais suave indica que há menos variação.

Os gráficos de linha são particularmente úteis quando se deseja comparar várias séries de dados ao longo do tempo, já que cada série pode ser representada por uma linha diferente em um único gráfico. Dessa forma, é possível visualizar rapidamente as diferenças entre as diferentes séries e identificar possíveis correlações ou padrões.

Em resumo, os gráficos de linha são uma ferramenta poderosa para visualização de dados em séries temporais. Eles permitem que o usuário visualize tendências, aceleração, desaceleração e volatilidade nos dados ao longo do tempo, tornando-os particularmente úteis para análises financeiras, econômicas e científicas. Além disso, eles podem ser usados para comparar várias séries de dados em um único gráfico, permitindo que o usuário identifique possíveis correlações ou padrões entre as diferentes séries.

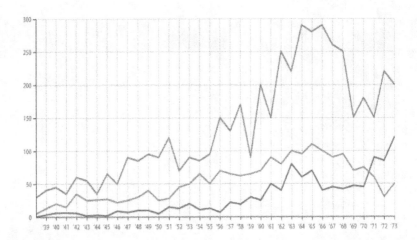

Gráficos de linha clássico com três informações

Gráfico de área

Os gráficos de área são outro tipo de gráfico usado para mostrar relacionamentos de séries temporais. Eles são semelhantes aos gráficos de linha, mas preenchem a área entre a linha e o eixo horizontal, fornecendo uma visualização mais clara do volume dos dados.

Os gráficos de área podem ser simples, com apenas uma série de dados, ou empilhados, com várias séries de dados preenchendo a mesma área. Nos gráficos de área simples, a área abaixo da linha representa o valor absoluto dos dados em cada ponto do tempo. Já nos gráficos de área empilhados, a área preenchida representa a soma dos valores de todas as séries de dados em cada ponto do tempo.

Esses gráficos são particularmente úteis para mostrar mudanças relativas no volume dos dados ao longo do tempo. Ao preencher a área abaixo da linha, os gráficos de área tornam mais fácil visualizar a magnitude dos dados em relação a outros períodos. Eles também podem ajudar a destacar as mudanças na proporção dos dados ao longo do tempo, especialmente em gráficos de área empilhados.

Os gráficos de área são amplamente utilizados em finanças, economia e outras áreas onde o volume de dados é importante. Por exemplo, os gráficos de área podem ser usados para representar o volume de vendas de um produto ao longo do tempo, ou para comparar o volume de tráfego em um site ao longo de várias semanas ou meses.

Em resumo, os gráficos de área são um tipo de gráfico de séries temporais que são úteis para representar o volume dos dados ao longo do tempo. Eles podem ser simples ou empilhados e são especialmente úteis para mostrar mudanças relativas no volume dos dados ao longo do tempo. Além disso, eles são amplamente utilizados em finanças, economia e outras áreas onde o volume de dados é importante.

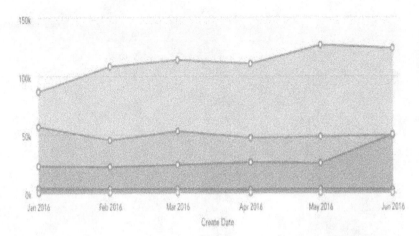

Gráficos de área, ou seja, linha com volume abaixo

Gráficos de dispersão ou *Scatter Plots*

Os gráficos de dispersão são usados para mostrar a relação entre duas variáveis. Eles são compostos por um conjunto de pontos no plano cartesiano, onde cada ponto representa um par de valores das duas variáveis. Geralmente, o eixo horizontal é usado para representar a variável independente, enquanto o eixo vertical representa a variável dependente.

Os gráficos de dispersão são muito úteis para identificar padrões e tendências em grandes conjuntos de dados. Eles ajudam a visualizar a correlação entre as duas variáveis e determinar se há uma relação linear entre elas. Se os pontos no gráfico se espalharem uniformemente, isso sugere que não há correlação entre as variáveis. Por outro lado, se os pontos se agruparem em uma linha, isso sugere uma correlação positiva ou negativa.

Os gráficos de dispersão são frequentemente usados em análises estatísticas para identificar relações entre variáveis. Eles são particularmente úteis para mostrar a relação entre uma variável independente e uma variável dependente em um experimento científico ou em dados de pesquisa de mercado. Por exemplo, um gráfico de dispersão pode ser usado para mostrar a relação entre a idade dos trabalhadores e sua produtividade no trabalho.

Os gráficos de dispersão podem ser usados para detectar valores discrepantes (*outliers*), que são pontos que se afastam significativamente do padrão geral. Isso pode ser útil para identificar erros ou dados anômalos que precisam ser investigados mais profundamente.

Em resumo, os gráficos de dispersão são uma ferramenta útil para visualizar a relação entre duas variáveis e identificar padrões e tendências em grandes conjuntos de dados. Eles são amplamente utilizados em análises estatísticas e ajudam a determinar se há uma correlação linear entre as variáveis. Além disso, eles podem ser usados para detectar valores discrepantes que precisam de uma investigação mais profunda.

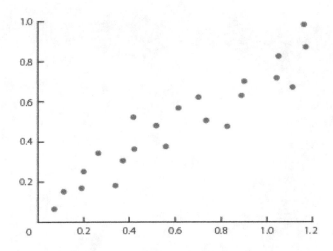

Gráfico de dispersão linear sem *outliers*

Gráfico histograma

O histograma é um tipo especial de gráfico de barras que é usado para representar a distribuição de frequência de uma variável contínua. Em vez de comparar categorias ou partes de um todo, como é comum em outros gráficos de barras, um histograma mostra como os dados estão distribuídos em uma escala contínua.

Um histograma é construído dividindo o intervalo de valores da variável em intervalos (chamados de classes) e contando a frequência com que os valores caem em cada intervalo. A base de cada barra representa um intervalo de classe e a altura da barra representa a frequência absoluta com que os valores da variável ocorrem dentro do intervalo.

Os histogramas são especialmente úteis para mostrar a forma e a simetria da distribuição de uma variável contínua. A forma da distribuição pode ser simétrica, em forma de sino (normal), assimétrica ou bimodal (duas distribuições distintas). A simetria e a forma da distribuição são importantes para analisar os dados e tomar decisões informadas.

Eles também permitem comparar as distribuições de diferentes grupos de dados ou amostras. Eles podem ser usados para detectar diferenças na forma ou simetria da distribuição, bem como na dispersão ou variabilidade dos dados.

Os histogramas são comumente usados em áreas como estatística, ciência de dados, finanças e marketing. Por exemplo, um histograma pode ser usado para representar a distribuição de idades em uma amostra de clientes de uma empresa de varejo, ou a distribuição de retornos financeiros em um determinado intervalo de tempo.

Em resumo, um histograma é um gráfico de barras usado para representar a distribuição de frequência de uma variável contínua. Ele ajuda a identificar a forma, a simetria e a variabilidade dos dados, além de permitir a comparação de distribuições entre diferentes grupos ou amostras de dados. O uso adequado de histogramas pode ser fundamental para entender e tomar decisões com base em dados em diversas áreas do conhecimento.

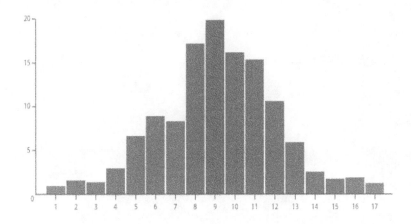

Histograma com concentração central

Dica: Histograma pode ser facilmente combinado com o Princípio de Pareto.

Gráfico de bolhas

Os gráficos de bolhas são um tipo de gráfico que é frequentemente utilizado para visualizar três variáveis de dados de uma vez. Eles são uma combinação de um gráfico de dispersão e um gráfico de área proporcional, permitindo que sejam exibidos dados de maneira mais complexa do que os gráficos de dispersão tradicionais.

Em um gráfico de bolhas, cada ponto de dados é representado por uma bolha, cujo tamanho é proporcional a uma terceira variável. As bolhas são dispostas em um plano cartesiano, com a posição no eixo horizontal e no eixo vertical representando as outras duas variáveis.

Esses gráficos são úteis para comparar vários pontos de dados em um único gráfico, permitindo que os usuários visualizem rapidamente as relações entre as variáveis e identifiquem padrões e tendências. Eles também são úteis para identificar pontos de dados que estão fora do padrão e que podem ser considerados *outliers*.

Os gráficos de bolhas são particularmente úteis quando há muitos pontos de dados a serem visualizados e quando a comparação nominal ou o relacionamento de classificação são importantes. Eles são amplamente utilizados em áreas como finanças, marketing, economia e pesquisa científica.

Por exemplo, um gráfico de bolhas pode ser utilizado para visualizar o desempenho financeiro de várias empresas em relação a duas variáveis, como a receita e a margem de lucro. O tamanho de cada bolha poderia representar o número de funcionários da empresa, permitindo que o usuário visualize rapidamente a relação entre o tamanho da empresa, sua receita e sua lucratividade.

Em resumo, os gráficos de bolhas são uma ferramenta útil para visualizar três variáveis de dados de uma vez. Eles são uma combinação de um gráfico de dispersão e um gráfico de área proporcional e são particularmente úteis quando há muitos pontos de dados a serem visualizados e quando a comparação nominal ou o relacionamento de classificação são importantes.

Eles são amplamente utilizados em áreas como finanças, marketing, economia e pesquisa científica.

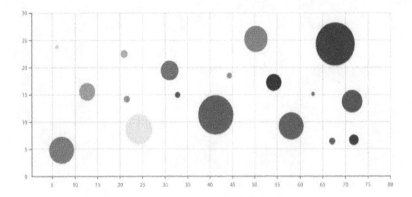

Gráfico de bolha uniformemente distribuído

Mapa de calor

Os mapas de calor, também conhecidos como *heatmaps*, são uma forma popular de visualização de dados que são usados para exibir dados categóricos em uma escala de cores. Eles são especialmente úteis para exibir dados geográficos, como padrões de temperatura ou densidade populacional, mas também podem ser usados para exibir dados em tabelas de dados.

Os mapas de calor são construídos usando uma matriz de valores numéricos que correspondem a uma área geográfica ou a uma tabela de dados. Cada célula da matriz é atribuída a uma cor com base no seu valor, com cores mais escuras representando valores mais altos e cores mais claras representando valores mais baixos.

Essas cores são então aplicadas a um mapa geográfico ou a uma tabela de dados, criando um padrão visual que pode ser facilmente interpretado. Por exemplo, um mapa de calor pode ser usado para mostrar a densidade populacional de diferentes estados em um país, onde as cores mais escuras representam os estados mais densamente povoados e as cores mais claras representam os estados menos densamente povoados.

Os mapas de calor são particularmente úteis para exibir grandes quantidades de dados em um formato visual fácil de entender. Eles são comumente usados em áreas como negócios, marketing, ciência de dados e análise de dados geográficos.

Por exemplo, um departamento de marketing pode usar um mapa de calor para visualizar a distribuição geográfica de seus clientes e, em seguida, tomar decisões estratégicas com base nesses dados. Um cientista de dados pode usar um mapa de calor para visualizar a distribuição de certos genes em um genoma humano, ajudando a identificar possíveis conexões entre esses genes e doenças específicas.

Em resumo, os mapas de calor são uma ferramenta útil para exibir dados categóricos em uma escala de cores, especialmente em contextos geográficos. Eles são comumente usados em áreas como negócios, marketing, ciência de dados e análise de dados geográficos. Os mapas de calor permitem que grandes quantidades de dados sejam exibidas de maneira visual fácil de entender, ajudando os usuários a identificar padrões e tendências nos dados.

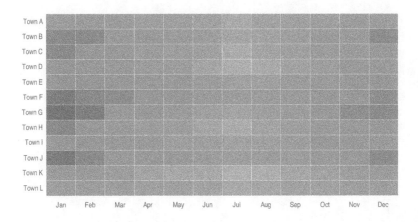

Mapa de calor clássico com concentração central

Mapa de árvore ou gráfico Mekko

O gráfico Mekko, também conhecido como gráfico Marimekko, é uma forma de gráfico empilhado bidimensional que é especialmente adequado para comparar grupos e categorias de itens. Ele usa uma combinação de barras horizontais e verticais para representar as dimensões do conjunto de dados.

As barras horizontais no gráfico Mekko representam a participação percentual de cada categoria em um determinado grupo, enquanto as barras verticais representam a participação percentual de cada grupo no conjunto de dados total. Isso permite que os usuários vejam a contribuição relativa de cada categoria e grupo para o conjunto de dados geral.

O gráfico Mekko pode ser usado para uma variedade de finalidades, incluindo análise de mercado, planejamento de produtos, análise de concorrência e planejamento estratégico. Ele pode ser especialmente útil para comparar a distribuição de mercado de várias empresas em diferentes setores, ou para comparar o desempenho de diferentes produtos em uma determinada categoria.

Por exemplo, uma empresa pode usar um gráfico Mekko para comparar sua participação no mercado de telefones celulares com a participação de outras empresas concorrentes. Isso pode ajudar a empresa a identificar áreas em que ela precisa melhorar sua estratégia de marketing ou desenvolvimento de produtos para aumentar sua participação no mercado.

O gráfico Mekko também pode ser usado para analisar a distribuição de clientes por faixa etária e localização geográfica. Isso pode ajudar a empresa a identificar oportunidades para expandir seus negócios em novos mercados ou desenvolver produtos específicos para atender às necessidades dos clientes em uma determinada faixa etária ou localização geográfica.

Em resumo, o gráfico Mekko é uma ferramenta útil para comparar grupos e categorias de itens em um conjunto de dados. Ele usa uma combinação de barras horizontais e verticais para representar as dimensões do conjunto de dados, permitindo que os usuários vejam a contribuição relativa de cada categoria e grupo para o conjunto de dados geral. O gráfico Mekko pode ser usado para uma variedade de finalidades, incluindo análise de mercado, planejamento de produtos, análise de concorrência e planejamento estratégico.

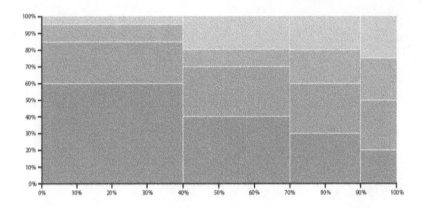

Gráfico Mekko clássico

Mapa geográfico

Mapas que plotam dados em mapas geográficos, também conhecidos como mapas temáticos, são uma forma popular de visualização de dados que mostram a distribuição de dados entre regiões. Eles são amplamente utilizados em diversas áreas, como geografia, planejamento urbano, saúde pública, marketing, análise de negócios e ciência política.

Os mapas temáticos são criados a partir de dados que estão georreferenciados, ou seja, dados que têm uma localização geográfica associada a eles. Esses dados são então plotados em um mapa usando diferentes técnicas de visualização, como cores, símbolos, proporções e gradientes.

Os mapas temáticos podem ser usados para mostrar uma variedade de informações, como densidade populacional, taxa de criminalidade, prevalência de doenças, renda média, padrões de tráfego, padrões de uso da terra e muito mais. Eles podem ser úteis para entender as tendências e os padrões em uma determinada região, identificar áreas de risco ou oportunidades, planejar políticas públicas e estratégias de negócios, além de ajudar a tomar decisões informadas.

Por exemplo, um mapa temático de densidade populacional pode ajudar a entender a distribuição da população em uma determinada área e identificar áreas com maior ou menor densidade. Isso pode ser útil para planejar serviços públicos, como escolas, hospitais e transporte, ou para identificar áreas que precisam de intervenção para melhorar a qualidade de vida da população.

Da mesma forma, um mapa temático de padrões de tráfego pode ajudar a entender a movimentação de pessoas e veículos em uma determinada região, permitindo que as autoridades de trânsito planejem a construção de novas vias ou a implementação de políticas de trânsito para melhorar o fluxo do tráfego.

Em resumo, os mapas temáticos são uma ferramenta poderosa para visualizar e entender dados geográficos. Eles podem ser usados para mostrar uma variedade de informações, desde densidade populacional até padrões de tráfego, e são úteis para planejar políticas públicas, estratégias de negócios e tomar decisões informadas.

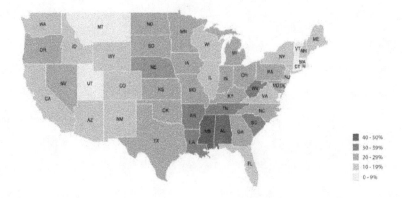

Mapa geográfico com concentração pontual

Gráfico em cascata

Os gráficos em cascata são úteis para analisar mudanças em um valor ao longo do tempo e também para entender as contribuições de vários fatores para esse valor. Eles são compostos por uma série de barras conectadas que mostram como um valor muda de um ponto no tempo para outro. O gráfico começa com o valor inicial em uma barra e, em seguida, cada etapa subsequente é adicionada à barra anterior, mostrando a contribuição de cada etapa para o valor total.

Os gráficos em cascata são particularmente úteis para mostrar como o valor de uma empresa ou projeto é afetado por diferentes fatores, como custos, receita ou mudanças no mercado. Eles também são eficazes para mostrar a evolução do desempenho de uma empresa ao longo do tempo e como diferentes iniciativas contribuem para o sucesso ou fracasso de uma empresa.

Os gráficos em cascata também são úteis para analisar a estrutura de custos de uma empresa ou produto, mostrando como os diferentes custos se somam para compor o custo total. Eles podem ser usados em finanças, contabilidade, negócios e outras áreas que exigem uma análise detalhada dos dados financeiros. Além disso, eles são frequentemente usados em apresentações e relatórios para fornecer uma visualização clara e concisa dos dados financeiros complexos.

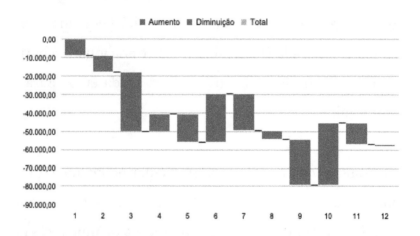

Gráfico de cascata clássico

Pictograma

Os pictogramas são gráficos que usam ícones para representar dados estatísticos. Eles são uma maneira visualmente atraente de apresentar informações e podem ser usados para ilustrar dados simples, como as diferenças entre duas quantidades, ou dados mais complexos, como tendências ou distribuições.

Os pictogramas são especialmente úteis para apresentar informações a um público que não é especialista em um determinado campo ou que tem pouco tempo para ler dados complexos. Eles são simples de entender e fáceis de usar, o que os torna uma ferramenta popular em infográficos, apresentações, relatórios e outras formas de comunicação visual.

Os pictogramas podem ser criados usando uma ampla variedade de ícones, como figuras humanas, animais, objetos ou símbolos, dependendo do contexto e dos dados que estão sendo apresentados. Eles podem ser usados para mostrar diferenças de quantidades, por exemplo, o número de pessoas em diferentes grupos etários ou o número de vendas de diferentes produtos.

Além disso, os pictogramas podem ser usados para mostrar padrões, como tendências de aumento ou diminuição, ou distribuições de dados, como a distribuição geográfica de um determinado fenômeno.

Os pictogramas podem ser usados em conjunto com outros tipos de gráficos e visualizações de dados, como gráficos de barras, linhas ou pizza, para fornecer informações adicionais e criar uma apresentação mais completa e impactante dos dados.

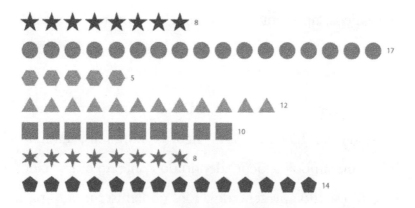

Pictograma básico

Diagrama de Sankey

O diagrama de Sankey é uma representação gráfica de fluxo que é usada para mostrar a relação entre duas variáveis ou a forma como um conjunto de dados é dividido em diferentes partes. Ele é frequentemente usado para visualizar fluxos de energia, recursos, finanças e muito mais.

O diagrama de Sankey usa setas ou fluxos para representar a magnitude do fluxo de uma variável para outra. As setas são conectadas por linhas e têm uma largura proporcional à magnitude do fluxo. As linhas são geralmente curvas suaves para tornar o diagrama mais fácil de ler e entender.

O diagrama de Sankey pode ter um ponto de partida e um ponto de chegada, ou pode ter vários pontos de chegada. Por exemplo, um diagrama de Sankey pode mostrar a relação entre as fontes de energia e como elas são usadas. O ponto de partida pode ser a quantidade de energia produzida a partir do carvão, gás natural, energia hidrelétrica, energia eólica, energia solar e assim por diante. Os pontos de chegada podem ser a quantidade de energia usada para a indústria, transporte, residências e assim por diante.

O diagrama de Sankey pode ser útil para identificar gargalos em um processo ou sistema, para entender como os recursos são usados ou desperdiçados, para mostrar o fluxo de dinheiro ou para comunicar outras informações importantes. Ele é frequentemente usado em relatórios de sustentabilidade, planos de negócios, apresentações de dados e muito mais.

É um diagrama de fluxo, lembrando mesmo fluxo de trabalho de uma máquina a vapor, em que a largura das linhas é proporcional à taxa de fluxo. Nele também é bastante fácil de ver a distribuição dos itens.

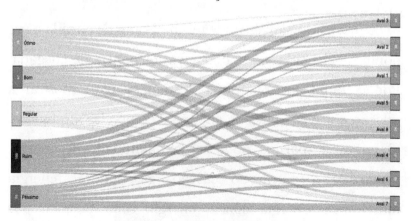

Gráfico Sankey clássico

Dica: quer fazer um diagrama de Sankey e não saber por onde começar? Coloque seus dados no Excel em forma de tabela. Depois use esse recurso gratuito no link a seguir:

http://sankey-diagram-generator.acquireprocure.com

Principais armadilhas com gráficos

Principais armadilhas com gráficos

Sucata

Muitas linhas em um gráfico não trazem qualquer tipo de olhar rápido e entendível sobre as informações. O mesmo para um bilhão de informações num gráfico de pizza ..... Impossível ter alguma ideia clara! Sem mencionar cores muito próximas, que confundem as informações. Todos são exemplos de gráficos sucata!

A forma como as informações são apresentadas pode ter um grande impacto na capacidade das pessoas de entenderem o que está sendo comunicado. Infelizmente, muitas vezes as informações são apresentadas de forma caótica, com tantas linhas e pontos que é difícil para o leitor discernir quais são as informações importantes e quais não são.

Além disso, quando há muitas informações em um único gráfico, pode ser difícil para o leitor entender e analisar todos os dados. Isso é especialmente verdadeiro quando se trata de gráficos de pizza ou outros tipos de gráficos que tentam mostrar muitas informações em uma única imagem.

Outro problema comum é o uso de cores inadequadas, que podem tornar difícil para o leitor distinguir entre diferentes categorias ou informações. Cores muito próximas, por exemplo, podem confundir as informações e dificultar a compreensão.

Por isso, é importante prestar atenção na apresentação das informações e usar gráficos e esquemas de maneira clara e eficaz. Isso significa escolher o tipo de gráfico certo para o tipo de informação que você está tentando comunicar e usar cores e formatação apropriadas para tornar a informação mais fácil de ser compreendida.

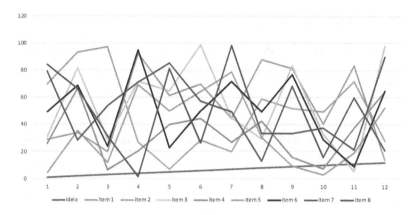

Gráfico de linha com excesso de informações

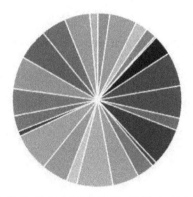

Gráfico de pizza com excesso de informações

Ausência de base relativa

Quando se trata de visualização de dados, muitas vezes nos deparamos com a dúvida de qual gráfico utilizar. No entanto, é importante lembrar que a escolha do gráfico deve ser baseada no objetivo da análise e na mensagem que se deseja transmitir.

No exemplo a seguir, temos dois gráficos que aparentam ser diferentes, mas na verdade representam os mesmos dados, apenas com uma mudança de escala de um dos eixos. O primeiro gráfico aparenta uma variação maior entre os valores, enquanto o segundo gráfico traz a impressão de uma variação bem menor. Qual está certo? Os dois! A questão é saber o que ressaltar

A escolha entre os dois gráficos depende do que se deseja destacar. Se a variação entre os valores é significativa e é preciso evidenciar essa diferença, o primeiro gráfico é a melhor opção. No entanto, se a diferença não é tão relevante, mas é preciso mostrar os detalhes dos dados, o segundo gráfico pode ser mais apropriado.

Outro aspecto importante a ser considerado é a escala do eixo. Um mesmo gráfico pode ter sua interpretação alterada caso a escala do eixo seja modificada. Portanto, é importante verificar se a escala está adequada para que a mensagem desejada seja transmitida corretamente.

Por fim, é importante lembrar que a escolha do gráfico deve ser feita com base na clareza da mensagem a ser transmitida. O objetivo é sempre facilitar a compreensão dos dados e tornar a análise mais eficiente.

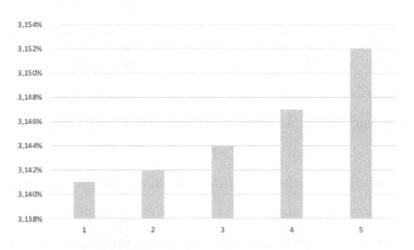

Gráfico de barra com ajuste de escala

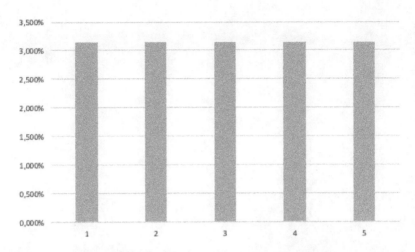

Gráfico de barra sem ajuste de escala

Escala inadequada

Da mesma forma que o exemplo anterior, os dois gráficos a seguir também estão certos e também representam os mesmos dados, apenas com escalas diferentes no eixo vertical. A diferença em relação ao exemplo anterior, está no número de medidas ou amostras do eixo horizontal. Aqui o número é bem grande e pode, facilmente, camuflar os dados do eixo vertical.

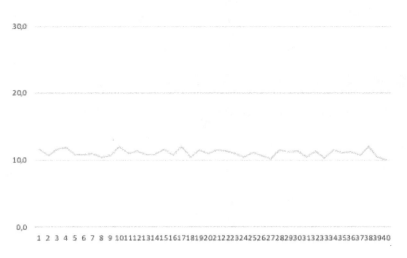

Gráfico de linha sem ajuste de escala

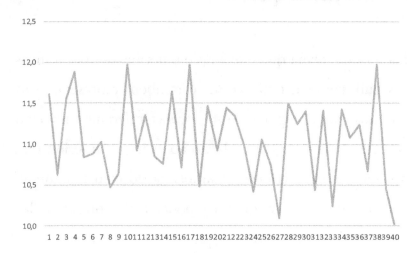

Gráfico de barra com ajuste de escala

Dados absolutos ou taxa relativa

Quando se trata de mostrar informações, a escolha entre mostrar um valor absoluto ou um valor relativo pode fazer toda a diferença. Dependendo do contexto e da mensagem que se quer transmitir, um ou outro pode ser mais adequado.

No caso dos gráficos apresentados, podemos perceber claramente a diferença entre o valor absoluto e o valor relativo. No primeiro gráfico, podemos ver o número absoluto de eventos ocorridos, o que pode ser útil em alguns contextos, como para avaliar o número total de ocorrências de um evento em um determinado intervalo de tempo.

Porém, quando queremos avaliar a incidência desses eventos em relação à população, o valor absoluto não é tão útil. É aí que entra o valor relativo, como no segundo gráfico, que apresenta a incidência de eventos a cada 100.000 habitantes. Isso nos permite comparar a ocorrência de eventos entre diferentes regiões ou países, levando em conta as diferenças de tamanho da população.

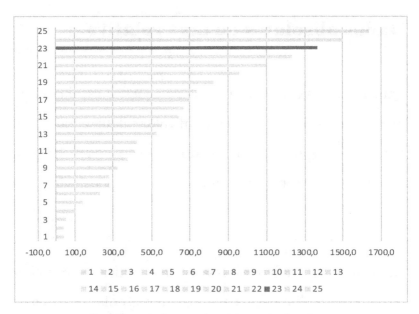

Gráfico de barra horizontal absoluto

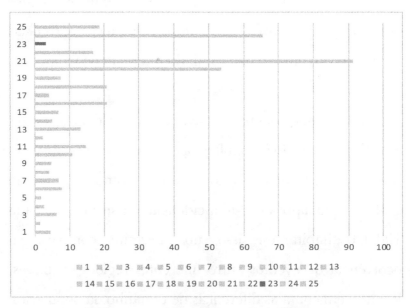

Gráfico de barra horizontal relativo

Sazonalidade

Quando se trata de interpretar dados, é essencial ter clareza sobre os fatores externos que podem afetar as informações apresentadas. É fácil tirar conclusões erradas ao analisar dados sem levar em conta o contexto mais amplo.

Por exemplo, considere um gráfico que mostra o número de vendas de um determinado produto ao longo do tempo. Se você simplesmente analisar os números sem considerar outros fatores, como eventos de marketing, promoções ou a sazonalidade do produto, pode acabar tirando conclusões erradas.

Por isso, é importante não apenas ter acesso aos dados, mas também entender o contexto em que eles foram coletados e as circunstâncias em torno de sua apresentação. Além disso, ao interpretar os dados, é essencial manter uma mente aberta e estar preparado para alterar suas conclusões com base em novas informações.

Veja no exemplo a seguir, olhando apenas 3 medidas, a impressão é de queda. Mas ao olhar um intervalo maior, com 12 medidas, fica claro que o resultado é de crescimento. Você pode olhar uma parte das informações e tirar conclusões erradas...

Em suma, ter clareza sobre os fatores externos e contexto é fundamental para interpretar os dados de forma precisa e tirar conclusões corretas e bem fundamentadas.

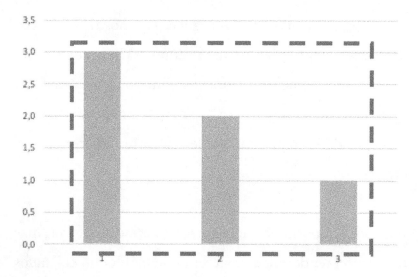

Gráfico de barra com parte do período

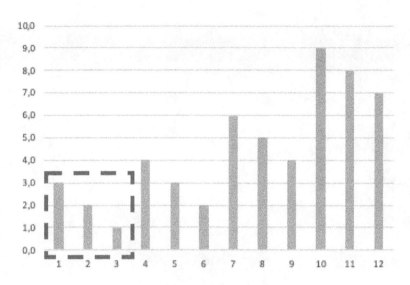

Gráfico de barra completo

Contas que não fecham

Nem precisa de comentários, mas ok! Como assim a soma dos percentuais fica acima de 100%?

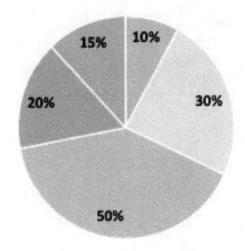

Gráfico de pizza com mais de 100%

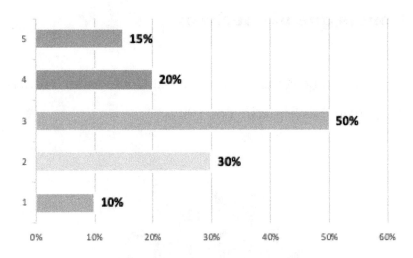

Gráfico de barra com mais de 100%

Benefícios do uso de gráficos na análise de dados

1. Facilita a compreensão dos dados: O uso de gráficos permite a visualização clara e objetiva das informações, tornando mais fácil a compreensão dos dados e a identificação de tendências, padrões e anomalias.

2. Ajuda na tomada de decisões: Com uma visualização clara dos dados, é possível tomar decisões mais informadas e precisas, com base em evidências objetivas e não em suposições ou intuições.

3. Melhora a comunicação: Ao apresentar os dados por meio de gráficos, a comunicação torna-se mais eficaz, pois é mais fácil transmitir informações complexas de maneira clara e objetiva.

4. Aumenta a produtividade: O uso de gráficos pode reduzir o tempo necessário para analisar e

interpretar dados, permitindo que os profissionais tomem decisões mais rapidamente e com maior precisão.

5. Possibilita análises mais profundas: Com a utilização de técnicas avançadas de visualização de dados, é possível realizar análises mais profundas e identificar correlações e relações complexas entre diferentes variáveis.

Quando usar diferentes tipos de visualizações de dados

Quando usar diferentes tipos de visualização de dados

Como especialista em visualização de dados, é importante considerar o tipo de gráfico, esquema ou mapa que será utilizado ao exibir os dados. É fundamental pensar no que se deseja mostrar, aprender ou provar.

Por exemplo, se a comparação envolve duas variáveis no mesmo conjunto de dados, um gráfico de barras ou colunas pode ser a melhor opção para compará-las simultaneamente e identificar facilmente lacunas.

Para entender melhor a distribuição dos dados e identificar tendências, discrepâncias e padrões, recomenda-se utilizar um gráfico de dispersão ou um gráfico de linhas.

Já os gráficos de bolhas podem ajudar a ver a relação entre várias coisas e auxiliar na comparação.

Existem muitos tipos de tabelas e gráficos que podem ser utilizados para diferentes tipos de visualização de dados. Testes podem e devem ser realizados, como inverter os eixos x e y, utilizar um tipo diferente de gráfico ou omitir pontos de dados não relacionados, para contar melhor uma história.

Dicas para aprimorar sua apresentação dos dados

1. Remover números supérfluos, como valores vazios, pois eles apenas poluem a apresentação;
2. Mostrar marcadores de dados, muito comuns em gráficos de linha simples ou sobrepostas;
3. Altere seu esquema de cores, evite usar uma mesma com em tonalidades diferentes, é melhor usar cores diferentes;

4. Altere a ordem dos seus dados, talvez colocando em ordem crescente, pode trazer mais clareza;

5. Alterar o tipo de gráfico e veja qual comunica melhor a informação desejada;

6. Exibir dados cumulativos ajudam a comunicar a história e muitas vezes mostram com maior clareza o crescimento (ou decréscimo) ao longo do tempo;

7. Empilhe seus dados em gráficos de barra, além de ficarem menos poluídos, ainda é possível ver a soma total com facilidade;

8. Virar seus eixos, trocando horizontal com vertical pode trazer uma nova perspectiva dos dados;

9. Trace a linha de tendência para verificar como estão os dados, em média, e "prever" um futuro próximo;

Resumindo: Do and Don't

Faça!

- Use cores para ajudar a realçar as tendências.
- Apresente seus dados em uma ordem organizada que ajude o leitor a ver as tendências.
- Inclua estatísticas em formatos legíveis e números precisos para pessoas com dificuldades de visão.
- Procure legibilidade, inclua marcadores de dados e porcentagens quando aplicável.
- Compare seus dados com referências externas e de mercado.

Não faça!

- Surpreender o espectador com cores brilhantes que se chocam.

- Apresentar seus dados fora de ordem, forçando o público para cavar as próprias conclusões.

- Esquecer de incluir os números precisos e inclua apenas gráficos sem porcentagens.

- Preferir o apelo estético ou visual ao invés de praticidade e legibilidade.

- Perder seus dados assim que os apresentar.

Ferramentas para visualização de dados

Existem muitas ferramentas e softwares de visualização de dados diferentes que você pode usar em vários níveis de experiência para analisar e apresentar dados.

O Microsoft Excel, Google Planilhas e Numbers no Mac oferecem visualizações básicas e permitem que você crie facilmente tabelas dinâmicas, gráficos e esquemas para visualização dos dados.

Indo um pouco além, ferramentas como Power BI, Tableau, Google Data Studio e outros similares são ótimas para criar painéis (*dashboards*) de visualização de dados. Por serem específicos para isso, eles têm recursos que permitem, com facilidade, criar filtros, seleções dinâmicas e animações.

Indo para o lado criativo, recursos como Canvas, Adobe Express e VistaCreate são muito bons e ajudam a criar verdadeiras obras de arte.

Alguns detalhes de três desses recursos.

Microsoft Excel

Esta é a ferramenta mais comum para visualização de dados. O Excel permite classificar e analisar dados e criar visualização de dados usando o assistente de gráfico. Para saber mais sobre como usar o Excel, confira estes recursos abaixo.

Google Charts e Google Planilhas

O Google Charts permite incorporar gráficos e tabelas em uma página da web. É uma ferramenta de API que permite criar gráficos e tabelas personalizados com a opção de animá-los para uma visualização mais dinâmica. O Planilhas Google é uma boa opção para criar tabelas e gráficos simples como você faria no Excel.

Canva

O Canva é uma ferramenta gratuita muito fácil de usar com um novo recurso de gráficos para criar gráficos de pizza simples, gráficos de barras e muito mais em qualquer modelo de tamanho. Essa é uma ótima opção para criar apresentações, infográficos e imagens sociais.

Fechamento

Fechamento

A visualização de dados pode parecer difícil, mas com as ferramentas e recursos certos, você estará pronto para começar a criar visualizações de dados atraentes, apresentações persuasivas e encontrar tendências nos dados que já possui. Você pode compartilhar o que descobriu e mostrar a pesquisa que fez de uma forma visualmente atraente e forma eficaz.

Com os dados do seu lado, você ajudará a criar um aumento exponencial no desempenho da equipe de marketing e, em seguida, mostre-o com sua nova capacidade de criar gráficos incríveis!

Por fim, fica a história de um grande amigo, que teve sua vida impactada pela pelos dados, melhor, pela visualização de dados.

"Há alguns anos, eu estava trabalhando em uma empresa de marketing digital e meu papel era gerenciar as campanhas de publicidade online de nossos clientes. Eu me considerava uma pessoa altamente analítica e adorava trabalhar com dados. Eu tinha uma planilha enorme com todas as métricas que precisava rastrear: cliques, impressões, conversões, custo por clique, custo por conversão e assim por diante.

Mas apesar de eu adorar os números, eu sabia que havia um problema com a maneira como eu estava apresentando as informações para a equipe de gerenciamento e, mais importante, para os clientes. Eu estava fornecendo relatórios em forma de planilha com muitas colunas e linhas e achava que isso era suficiente.

Foi então que um colega de trabalho me mostrou alguns exemplos de gráficos que ele havia criado para outros clientes e como eles ajudaram a destacar as informações mais importantes de maneira clara e visual. Fiquei impressionado com a clareza e simplicidade que os gráficos traziam para as informações que eu estava tentando comunicar.

Usar gráficos não estava tão na moda, era uma novidade ter esse recurso disponível. Decidi testar essa abordagem em um dos relatórios de desempenho da campanha que estávamos executando para um cliente. Em vez de enviar uma planilha, criei um gráfico que mostrava a tendência dos custos de publicidade ao longo do tempo e como isso se relacionava com o número de conversões geradas. Fiquei impressionado com a diferença que essa simples mudança fez.

O cliente ficou muito mais envolvido com as informações que estávamos fornecendo e começou a fazer perguntas sobre como poderíamos melhorar ainda mais o desempenho da campanha. Foi um momento de crescimento profissional, pois pude ver como a apresentação dos dados de maneira visual pode ter um grande impacto na maneira como as pessoas interpretam e usam as informações.

A partir daí, comecei a usar mais gráficos e apresentações visuais em meus relatórios e apresentações de dados. Comecei a experimentar diferentes tipos de gráficos, como gráficos de barras, gráficos de pizza e gráficos de linhas, para ver qual funcionava melhor em diferentes situações.

Essa abordagem foi um sucesso e me levou a ser promovido a gerente de conta em pouco tempo. Fui capaz de fornecer insights mais úteis para meus clientes e meus relatórios eram mais fáceis de entender e digerir. Comecei a ver um aumento na satisfação do cliente e, finalmente, em novos negócios que entravam.

Hoje, como consultor de marketing digital, ainda uso gráficos e visualizações de dados para ajudar meus clientes a entender melhor seu desempenho e identificar oportunidades de crescimento. A apresentação de dados com gráficos se tornou uma parte importante do meu conjunto de habilidades e uma ferramenta valiosa para ajudar a criar relatórios eficazes e persuasivos.

Essa experiência me ensinou que não se trata apenas de ter os dados certos, mas também de saber como apresentá-los de forma clara e visualmente atraente. Isso é fundamental para ajudar as pessoas a entenderem as informações e tomar decisões informadas."

Agora é com você...

Ok, que você já conhece muito mais sobre os gráficos e todos os cuidados para usá-los, cabe a você pegar um pouco de criatividade, aplicá-la a essas ideias, e ver como você pode trabalhar com eles nas próximas análises e apresentações.

Os gráficos são muito uteis, são o seu trunfo para colocar rapidamente os resultados das suas análises em outro patamar de qualidade.

Parece que você já sabe o que vou falar, vou repetir assim mesmo: usar gráficos é um hábito, inicialmente é mais difícil de pensar neles, saber escolher e até mesmo de saber montar os dados para os programas gerarem as imagens. Depois passa a ser algo comum e bem mais fácil de ser usado. Lembre-se, sempre que os usar, os resultados ótimos... e todos ganham.

Muito obrigado por ler este livro. Significa tanto para mim que você ficaria comigo e ouviria o que eu tenho a dizer. Se houver algo que eu possa fazer, por favor, me avise. Estou às ordens!

Ao seu sucesso, abraços.

Alex S. S. Barros

@alexsbarros

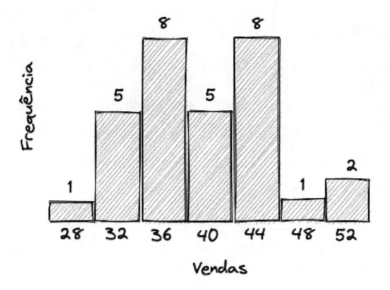

1ª edição, 2023

ISBN: 9798379274542

Selo editorial: publicação independente

Miolo: tinta preta e papel creme 55 (90 g/m²)

Capa: colorida fosca, papel branco 80 (220 g/m²)

2023

Alex Sander Schroeder de Barros

@alexsbarros